KB203921

그리스도인의 자유

개혁된실천사
기독교 고전 소책자

The Freedom of a Christian: A New Translation

Crossway Short Classics Series

Copyright © 2022 by Crossway

Published by Crossway

a publishing ministry of Good News Publishers

Wheaton, Illinois 60187, U.S.A.

This edition published by arrangement

with Crossway through rMaeng2, Seoul, Republic of Korea.

All rights reserved.

This Korean Edition Copyright © 2024 by Reformed Practice Books,

Seoul, Republic of Korea

그리스도인의 자유

지은이　마르틴 루터

옮긴이　조계광

초판 발행　2024. 2. 5.

등록번호　제2018-000357호

등록된 곳　서울시 서초구 서초중앙로24길 55, 407호

발행처　개혁된실천사

전화번호　02)6052-9696

이메일　mail@dailylearning.co.kr

웹사이트　www.dailylearning.co.kr

책값은 뒤표지에 있습니다.

ISBN 979-11-89697-54-9　02230

기독교 고전 소책자 **04**

그리스도인의
자유

The Freedom of a Christian

마르틴 루터 지음 | 조계광 옮김

칼 R. 트루만 서문

개혁된실천사

목차

1520년은 마르틴 루터에게 매우 특별한 해였다. 루터를 논박한 교황의 칙서가 공포되자 작센 선제 후국에서 발생한 사태가 쉽게 별 탈 없이 종식되기는 글렀다는 사실이 명백해졌다. 그런 상황 속에서 루터는 두 방향을 바라보기 시작했다. 다시 말해, 그는 가능성은 매우 희박했지만 그래도 희망을 버리지 않고 교황 레오 10세와의 견해차를 조금이라도 좁혀보려고 노력했을 뿐 아니라 새로운 유형의 신학을 위한 지성적 체계를 서서히 구축하기 시작했다. 그는 후자를 위해《교회의 바벨론 유수》,《독일 귀족에게 고함》,《그리스도인의 자유》라는 세 권의 훌륭한 소책자를 펴냈다. 이 세 권의 소책자를 종합하면 종교개혁의 완벽한 선언문이 완성된다.

《교회의 바벨론 유수》는 중세 시대의 성례 체계를 비판하고, 세례와 성찬을 그에 앞서 선포되는 말씀과 연관해 재구성하는 접근 방식을 제안했다. 성례의 효력을 일으키는 결정적인 요인은 하나님의 말씀과 그것을 이해하는 신자들의 믿음이었다. 《독일 귀족에게 고함》은 교회와 국가의 관계를 새롭게 정립함으로써 구원에 대한 루터의 접근 방식이 사회적으로나 문화적으로 어떻게 기능하는지를 이해하는 데 필요한 기초를 다지려는 야심 찬 시도였다. 마지막으로,《그리스도인의 자유》는 칭의, 교회, 성례, 문화, 정치, 윤리에 관한 루터의 개념에 근거해 새롭게 개정된 형태의 기독교 윤리를 제시했다. 루터는 종교개혁이 작센에서 어떻게 이루어져 나가야 할지를 보여주는 완벽한 본보기를 제시하려고 시도했다.

지금 우리 앞에 놓여 있는 책이 바로《그리스도인의 자유》다. 이 책은 루터의 신학체계 안에서 매우 중요한 위치를 차지한다. 그 이유는 이 문헌이 선행을 바라보는 루터파의 관점(즉 선행은 용서의 근거가 아닌 열매라는 것)을 분명하게 보여줄 뿐 아니라 행위가 신자에게 여전히 필요하다는 사실(가톨릭 신자들이 이따금 개신교 신자들을 논박하기 위한 논거로 삼는 것)을 명확하게 일깨워주고 있기 때문이다. 루터는 죄 사함을 받는다는 것은 곧 율법으로부터 자유롭게 되는 것을 의미하고, 율법으로부터 자유롭게 되었다면 감사하는 마음으로 자발적으로 이웃을 위해 선한 행위를 하는 것이 온당한 반응이라고 주장했다. 그리스도께서 자신이 아닌 우리를 유익하게 하려고 일하셨던 것처럼, 우리도 이웃들에게 '작은 그리스도'가 되라는 부르심을 받는다. 물론, 오직 그리스도에게만 적용되는 독특한 구원적 의미에서 그러라는 것은 결코 아니며, 이웃을 향한 우리의 은혜로운 행위가 우리를 향한 그리스도의 은혜로우신 행위와 유사하여야 한다는 의미에서 그러하라는 것이다. 우리도 예수님처럼 율법이 아닌 사랑의 동기로 이웃들을 위해 일해야 한다.

교회는 이 점을 절대로 잊어서는 안 된다. 그리스도인의 삶은 율법이 아닌 복음을 통해 동기를 부여받는다. 하나님의 약속 및 이웃과 하나님에 대한 사랑이 선한 행위의 원동력을 제공한다. 그리스도인이 자신의 행위를 의지해 하나님 앞에서 인정받으려고 하면, 곧 하나님과 올바른 관계를 맺기 위해 선한 행위를 하기 시작하면, 그의 삶은 곧바로 성부 하나님을 기쁘시게 하는 자녀의 상태에서 벗어나 주인에게서 품삯을 받는 종이나 품꾼의 상태로 전락하고 만다. 루터의 소책자는 이 점을 말씀 설교의 중요성과 결부시켜 탁월하게 설명했다. 루터가 분명하게 밝힌 대로, 설교자의 선포를 통해 약속의 말씀이 주어질 때 우리의 양심은 선한 행위를 할 자유를 얻는다. 따라서 그리스도인들에게 끊임없이 약속의 말씀을 상기시켜 주는 것이 필요하다. 이것이 우리가 교회에 나가서 약속이 선포되는 것을 들어야 하는 이유다.

독자들은 이 책이 종교개혁가 루터의 초기 작품이라는 점을 기억할 필요가 있다. 그는 하나님의 무조건적인 약속에만 초점을 맞추는 것이 표면적으로는 신앙을 고백하지만 실제로는 여전히 죄를 지으며 복음을 악행에 대한 변명거리로 바꾸는 사람들을 산출할 수 있다는 것을 발견하여야 했다. 그리고 설령 사랑의 동기로 행한 행위일지라도 그것이 꼭 경건하거나 선한 행위인 것은 아니다. 특히 사랑의 개념이 도덕적인 내용은 거의 없고, 한 갓 감상적인 감정에 불과하게 전락해 버린 오늘날에는 더더욱 그렇다. 그래서 루터는 1520년대 후반에 어떤 것이 실제로 사랑의 행위인지를 좀 더 상세하고, 구체적으로 설명할 의도로 《소요리 문답》을 저술했다. 그러나 루터의 윤리 체계의 핵심 원리는 1520년에 저술한 이 책에 있다. 그것은 바로 선한 행위가 하나님의 약속을 믿는 믿음을 통해 의롭게 된 삶에서 흘러 나온다는 것이다. 이 원리는 오늘날에도 기독교 윤리를 떠받치는 굳건한 토대로 남아 있다.

마지막으로 한 마디를 덧붙이면, 이 책은 단지 내가 좋아하는 과거의 루터교 신학자의 저서로만 그치지 않는다. 이 책은 내가 좋아하는 루터교 신학자의 저서인 것은 물론이고, 오늘날의 역사가 가운데 한 사람인 로버트 콜브의 손을 거쳐 다시 태어나기까지 했다(콜브는 전에 나와 공동으로 책을 저술했던 나의 친구다). 콜브는 그동안 많은 루터교 목회자들을 훈련했고, 루터와 그의 계승자들에 대한 이해의 폭을 넓히는 데 크게 이바지한 책과 논문들을 저술했다. 그는 루터교 신학에 대한 심오한 학문적 지식은 물론, 그리스도인들의 필요에 민감한 목회적 세심함까지 겸비했다. 독자들은 시대적으로는 서로 멀리 떨어져 있지만 공통된 믿음으로 하나로 결합한 루터와 콜브, 두 사람의 환상적인 조합을 생생하게 느낄 수 있을 것이다. 이 고전을 새로운 세대의 그리스도인 독자들에게 추천하게 되어 참으로 기쁘기 그지없다.

칼 R. 트루먼.
그로브시티 칼리지 성경 및 종교학 교수

존 파이퍼는 언젠가 책이 아니라 단락이 사람을 변화시킨다고 썼다. 가장 위대하고 가장 강력한 기독교 메시지 중 일부는 가장 간결하고 가장 손쉽게 접근할 수 있는 형태를 띤다. 고백적 기독교의 큰 물줄기 안에는 시간을 초월하는 가치를 갖는 수많은 설교, 에세이, 강의, 그리고 짧은 글들이 포함되어 있는데, 이러한 것들은 교회사 전체에 걸쳐, 그리고 전 세계에 걸쳐 수많은 신자들에게 도전과 영감을 주고, 삶의 열매를 맺게 했다.

이 시리즈는 두 가지 목적에 기여하고자 한다.

첫째, 이들 짧은 역사적 글들을 고품질의 종이책으로 보존하고자 한다. 둘째, 이들 작품들을 새로운 세대의 독자들에게 전달하고자 한다. 우리는 두꺼운 책에 별로 흥미를 느끼지 않고, 두꺼운 책을 읽지 않을 독자들을 특히 염두에 두고 있다. 오늘날 끊임없이 움직이는 세상 속에서 무언가에 집중하는 것은 점점 더 어려워지고 있다. 이런 상황 속에서 쇼트폼 콘텐츠는 특별한 가치를 지닌다. 이 시리즈의 간결한 책들은 복음 중심적인 은혜와 진리를 기민하게 제공한다. 이 시리즈는 독자들에게 영혼의 양식이 되며, 공부 의욕을 불러일으키는 대표적인 저작들을 접근가능한 형태로 제공함으로써 위대한 신앙의 영웅들을 소개해주길 희망한다. 성령께서 이 짧은 작품들을 사용하여 여러분의 주의를 사로잡아 여러분의 영혼에 복음을 알려 주시고, 여러분이 교회사의 보물 상자를 계속해서 탐구하게 되길 기도한다. 이를 통해 그리스도 안에서 하나님이 영광과 찬송을 받으시길 빈다.

마르틴 루터(1483-1546)는 독일에서 태어났다. 그는
젊었을 적에 로마 가톨릭교회 안에서 신학 수업을
받았다. 그는 무서운 뇌우를 경험하고 나서 하나님
께 헌신하기로 맹세하고 수도사가 되었다. 성경을
연구하는 동안, 그는 자신의 죄로 인해 여러 차례
깊은 절망감과 우울감에 사로잡혔다. 그러나 그가
성경에서 이신칭의의 교리를 발견한 순간, 모든 것
이 완전히 달라졌다. 루터는 "오직 의인은 믿음으
로 말미암아 살리라"(롬 1:17)라는 말씀을 읽고 나
서 심신을 마비시키는 듯한 죄책감과 심판에 대한

두려움에서 벗어났다. 그는 나중에 "완전히 새롭게 태어나서 열린 문을 통해 낙원에 들어간 듯한 느낌이 들었다."라고 말했다.[1]

영민한 루터는 중세 교회를 정화하는 일에 헌신했다. 그는 1517년 10월 31일에 로마 가톨릭교회의 다양한 신념과 관습을 논박한 95개조 반박문이 포함된 편지를 작성했다. 그는 성직자들이 의식주의를 버리고 은혜의 복음을 회복해야 한다고 주장했다. 그 편지가 발표됨으로써 역사상 가장 중요한 종교 운동 가운데 하나인 프로테스탄트 종교개혁이 시작되었다. 성경적인 복음에 관한 루터의 견해가 서구 기독교의 역사를 뒤바꾸는 전환점이

---

1. Martin Luther, *Preface to the Complete Edition of Luther's Latin Writings in Career of the Reformer IV, vol. 34 of Luther's Works*, ed. Jaroslav Jan Pelikan, Hilton C. Oswald, and Helmut T. Lehmann (Philadelphia: Fortress, 1999), 337.

되었다.

　루터는 1519년과 1520년에 자신의 복음주의 신학을 구성하는 핵심 요소들을 종합해서 여러 권의 소책자를 펴냈다. 루터가 직접 언급하지는 않았지만, 아마도 그는 개혁을 요구하는 일련의 소책자들 펴낼 계획을 세우고 나서 그 두 해에 걸쳐《그리스도인의 자유》와 같은 책들을 발표했을 가능성이 크다. 그가 1520년 6월에 펴낸《선행론》은 기독교적인 삶을 그리스도를 믿는 믿음 안에 근거시켜 십계명을 토대로 경건한 삶을 새롭게 재구성하는 데 초점을 맞추었다. 그는 그런 삶이 첫 번째 계명으로부터 뻗어나온다고 믿었으며, 나중에 그의 《소요리 문답》에서 첫 번째 계명을 설명하면서 이렇게 말했다. "우리는 그 무엇보다 하나님을 더 두려워하고, 사랑하고, 신뢰해야 한다."[2]《선행론》이후로 두 권의 소책자가 잇따라 발표되었다. 루터는 그 가운데 첫 번째 책인《독일 귀족에게 고함》(1520년 8월)을 통해서는 중세의 신앙을 구성하는 다양한 종교의식들을 철폐했고, 두 번째 책인《교회의 바벨론 유수》(1520년 10월)를 통해서는 의식과 위계질서에 의존하는 신학 체계를 비판했다. 그는《교회의 바벨론 유수》에서 기독교적 삶에 대한 건설적인 제안을 제시했고, 다음 달에 출판된《그리스도인의 자유》에서는 그 삶을 구체적으로 논했다. 루터는 교황청이 자신의 파문 절차를 준비하는 와중에 교황 레오 10세의 이해를 촉구하기 위해 그 라틴어판을 사용했다. 라틴어판은 공식적인 학술서의 형태를 띠었지만, 독일어판은 설교 형태로 만들어졌다.

---

2. Martin Luther, The Small Catechism, in *The Book of Concord: The Confessions of the Evangelical Lutheran Church*, ed. Robert Kolb and Timothy J. Wengert, trans. Charles Arand et al. (Minneapolis: Fortress, 2000), 351.

루터는 책과 논문과 성경 주석과 설교와 찬송가를 비롯해 수많은 저작을 남긴 왕성한 저술가였다. 그의 저서들은 5백 년이 넘도록 생명을 유지했고, 그 가운데 대부분은 지금도 기독교 세계 전반에 걸쳐 널리 읽히고 있다. 루터는 그리스도께서 십자가의 죽음을 통해 이루신 속죄가 죄를 용서해 사람을 하나님 앞에서 의롭게 만들기에 충분한 효력을 지니고 있다는 것과 모든 신자의 제사장직을 평생토록 강조했다. 루터의 유산은 시간을 초월하는 그의 글들을 통해서만이 아니라 수많은 개신교 교회들을 통해 지난 5세기에 걸쳐 면면히 명맥을 이어왔다.

이 책은 《*D. Martin Luthers Werke*》(Weimar: Böhlau, 1883-1993) 7:20-38에 편집되어 포함된 독일어판을 새로 번역한 것이다(독일어판을 크로스웨이 출판사에서 영역하여 출간한 것을 말함―편집주). 소괄호와

각주 안에 있는 내용은 모두 번역자가 제공한 것이다. 루터가 독일어판과 동시에 진행했던 라틴어판에 대해 좀 더 자세히 알고 싶으면, 로버트 콜브의 책을 참조하기 바란다.[3]

---

3. Robert Kolb, *Luther's Treatise On Christians Freedom and Its Legacy*(Lanham, MP: Lexington Press/Fortress Academics, 2019)

그리스도인의 자유

I

영민하고, 현명한 히에로니무스 뮐포르트 츠비카
우 시장님께.[1]

아우구스티누스회 소속인 저 마르틴 루터는 기
꺼이 시장님을 섬기고자 하며 특별히 소중한 저의
친구이자 후원자인 시장님에게 모든 축복이 임하
기를 바라는 마음 간절합니다.[2]

---

1. 유명한 광산 도시이자 상업 중심지였던 츠비카우는 1520년대에 비
텐베르크에 이어 두 번째로 종교개혁을 받아들였다.
2. 이 인사말은 이른바 '성경적 인문주의'로 알려진 교육 개혁 운동에
참여한 사람들이 사용했던 전형적인 인사말의 형식을 따른 것이다.

명예롭고, 지혜로운 시장이자 친애하는 친구여!

훌륭한 학자인 요한 에그란, 곧 시장님의 칭찬받을 만한 시(市) 설교자가[3] 시장님이 성경을 힘있게 고백하고, 시민들에게도 그렇게 하도록 끊임없이 독려하는 등, 성경에 대한 사랑과 열의가 참으로 크다고 높이 칭송했습니다. 따라서 그는 내가 시장님과 친밀하게 지내기를 바랐고, 결국은 그렇게 하도록 저를 이끌었습니다. 저는 가장 기꺼운 마음으로 기쁘게 그러고 싶은 마음이 있습니다. 그 이유는 자신의 관직을 자랑하며 속임수와 무력으로 진리를 거부하는 사람들이 매우 많은, 아니 대다수를 차지하는 작금의 개탄스러운 상황 속에서 누군가가 거룩한 진리를 사랑한다는 소리를 들으면 특별

---

3. 중세 말의 많은 도시와 마찬가지로 츠비카우도 교구 사제들 가운데 설교를 작성할 능력이 없는 사람들이 많았기 때문에 사례비를 주고 시 설교자를 초빙했다.

한 기쁨이 느껴지기 때문입니다. 많은 사람의 흥망을 좌우하는 표징이자 걸림돌로 세움을 받으신 그리스도를 대적하는 사람들이 많은 것이 불가피한 현실입니다(눅 2:34, 롬 9:33, 벧전 2:8). 따라서 저는 서로의 관계와 우정을 싹틔우기 위해 전에 교황을 위해 라틴어로 쓴 이 소책자를 독일어로 옮겨 시장님께 증정하기로 마음먹었습니다. 이로써 교황 제도에 관한 저의 가르침과 글들이 그 무엇으로도 비난할 수 없는 것에 근거하고 있다는 사실이 만민 앞에 확연하게 드러날 것입니다. 저 자신을 스스로 시장님에게 천거함과 동시에 하나님의 모든 은혜가 주어지기를 기원하는 바입니다.

1520년, 비텐베르크에서

예수님

요점 1. 그리스도인이 어떤 존재이고, 또 그리스도께서 자기 자신과 자기에게 주어진 자들을 위해 획득하신 이 자유를 (얻으려면) 어떻게 해야 하는지를 근본적으로 이해하려면, 두 가지 명제를 기억해야 할 필요가 있다. 성 바울은 이 점에 대해 많은 가르침을 베풀었다.

첫째, 그리스도인은 만물을 다스리는 자유로운 주(lord)이며, 그 누구에게도 종속되지 않는다.

둘째, 그리스도인은 자발적으로 만물을 섬기는 종이 되어, 모든 사람에게 종속된다.

이 두 명제가 성 바울의 가르침 안에 분명하게 드러나 있다. 그는 고린도전서 9장 19절에서 "내가 모든 사람에게서 자유로우나 스스로 모든 사람에게 종이 된 것은"이라고 말했고, 로마서 13장 8

절에서 "피차 사랑의 빚 외에는 아무에게든지 아무 빚도 지지 말라"라고 말했다. 사랑은 자기가 사랑하는 대상을 섬기고, 거기에 자신을 복속시킨다. 바울은 그리스도에 대해서도 "하나님이 그 아들을 보내사 여자에게서 나게 하시고 율법 아래에 나게 하신 것은"(갈 4:4)이라고 말했다.

요점 2. 자유와 섬김이라는 서로 모순되는 이 두 명제를 옳게 이해하려면, 모든 그리스도인이 영적인 본성과 육적인 본성이라는 두 가지 본성을 지니고 있다는 점을 기억해야 한다. 인간은 영혼과 관련해서는 영적인 사람, 속사람, 새 사람으로 불리고, 혈과 육에 관련해서는 육체적인 사람(bodily person), 겉사람, 옛 사람으로 불린다. 성경이 그리스도인과 관련해 자유와 섬김이라는 상반된 명제가 존재한다고 가르치는 이유는 바로 이 두 본성의 차이 때문이다.

요점 3. 따라서 우리는 인간에게 있는 영적인 속 사람에 관해 생각해봐야 한다. 즉 영적인 속사람이 어떤 특징을 지니고 있기에 인간이 올곧고, 자유로운 그리스도인으로 불리는지를 알아야 한다. 외적인 것은 인간을 올곧게도 자유롭게도 만들지 못한다. 왜냐하면, 인간의 올곧음이나 자유는 인간의 사악함이나 속박과 마찬가지로 외적인 육체의 일에 속하지 않기 때문이다. 육체가 속박되지 않고, 건강과 활력을 유지하며, 원하는 대로 먹고 마시며 산다고 해서 영혼에 무슨 유익이 있고, 그와 반대로 육체가 속박되고, 병들고, 지치고, 굶주리고, 목마르고, 고통스러운 상태 속에 있다 해서, 곧 영혼에 무슨 해가 미치겠는가? 그런 것들은 영혼에 조금도 영향을 미치지 못하며, 그것을 자유롭게 하거나 속박하거나 올곧게 하거나 사악하게 만들지 못한다.

요점 4. 따라서 육체가 제사장들을 비롯해 거룩한 직무를 수행하는 사람들이 하는 대로 거룩한 옷을 걸치고 있더라도 영혼에 아무런 도움이 될 수 없다. 이는 육체가 교회 안이나 거룩한 장소에 있다고 해도 마찬가지다. 성물(聖物)을 가지고 일한다고 해도 특별한 유익을 줄 수 없다. 기도와 금식과 순례를 비롯해 모든 종류의 선한 일에 육체를 헌신하더라도 상황은 조금도 달라지지 않는다. 그런 일들은 종말 때까지 육체 안에서, 또 육체를 통해 계속해서 일어날 것이다. 영혼을 구원해 올곧고, 자유롭게 만들려면 완전히 다른 무엇인가가 필요하다. 방금 열거한 것들과 같은 행위와 습관들은 악한 자나 위선자나 외식하는 자도 얼마든지 행할 수 있다. 다시 말하지만, 육체가 거룩하지 못한 옷을 걸치거나, 거룩하지 않은 장소에 있거나, 무엇을 먹거나 마시거나, 순례를 하거나, 기도를 하거나,

방금 언급한 위선자들이 행하는 모든 행위를 삼가더라도 영혼에는 아무런 해나 유익을 줄 수 없다.

요점 5. 영혼이 살기 위해 주어진 것, 영혼이 올곧고 자유롭고 그리스도인답기 위해 주어진 것은 하늘에서든 땅에서든 오직 거룩한 복음, 곧 그리스도께서 선포하신 하나님의 말씀뿐이다. 그리스도께서는 요한복음 11장 25절에서 "나는 부활이요 생명이니 나를 믿는 자는…영원히 죽지 아니하리니"라고 말씀하셨고, 마태복음 4장 4절에서 "사람이 떡으로만 살 것이 아니요 하나님의 입으로부터 나오는 모든 말씀으로 살 것이니라"라고 말씀하셨다. 이처럼, 영혼은 하나님의 말씀만 있으면 다른 것이 아무것도 없어도 잘 살아갈 수 있다. 영혼은 하나님의 말씀 외에는 그 어떤 것에서도 아무런 도움을 발견하지 못한다. 영혼은 말씀만 있으면 다른 어떤 것도 필요로 하지 않는다. 영혼은 말씀 안에서 그 모든 필요, 곧 활력, 기쁨, 평화, 빛, 총명, 의, 진리, 지혜, 자유 등 모든 선한 것을 얻는다. 따라서 선지자는 시편, 특히 119편에서 오직 하나님의 말씀만을 간절히 바랐다.[4] 성경에서는 하나님이 인간들에게서 자신의 말씀을 거두시는 것이 가장 큰 재앙이자 진노의 표시로 간주되었고(암 8:11-12), "그가 그의 말씀을 보내어 그들을 고치시고"(시 107:20)라는 말씀에서 알 수 있는 대로 그분이 말씀을 허락하시는 것이 가장 큰 은혜로 간주되었다. 그리스도께서는 다른 것이 아닌 하나님의 말씀을 선포하는 사명을 이루기 위해 오셨다. 비록 (우리의 시대에) 상황이 정반대 방향으로 급속히 진행되고 있기는 하지만, 사도들, 주교들, 사제들을

---

4. 루터는 다윗을 왕이자 시편 저자만이 아니라 자신의 시편으로 이스라엘 백성에게 하나님의 말씀을 선포했던 선지자로 간주했다.

비롯해 모든 성직자들이 부르심을 받아 직무를 맡게 된 것도 모두 말씀 때문이다.

요점 6. 만일 "그런 큰 은혜를 주는 말씀이 어떤 말씀이며, 어떻게 그 말씀을 사용해야 하는가?"라고 묻는다면 이렇게 대답할 수 있다. 즉 그 말씀은 바로 복음이 가르치는 대로 그리스도께서 (죄인들을) 구원하셨다는 선언이다. 우리는 그 선언을 통해 하나님이 우리에게 전하시려는 말씀, 곧 무엇이 이루어져야 하고, 또 무엇이 이미 이루어졌는지를 들어야 한다. 하나님의 말씀은 우리의 삶과 우리의 행위가 하나님 보시기에 아무것도 아니며, 우리 안에 있는 모든 것을 가지고 우리의 길을 걷다가는 영원한 멸망에 이르게 될 뿐이라고 가르친다. 만일 우리가 그런 사실을 진정으로 믿고, 스스로를 죄인으로 인정한다면, 자기 자신에 대해 절망감을 느끼며 호세아가 전한 대로 "이스라엘아 네가 패망하

였나니 이는 너를 도와주는 나를 대적함이니라"(호 13:9)라고 고백해야 할 것이다. 하나님은 우리가 우리 자신에게서 벗어나 파멸을 면할 수 있도록 그의 사랑하는 아들 예수 그리스도를 우리 앞에 두시고, 그분의 살아 있는 위로의 말씀을 통해 말씀하시길 굳센 믿음과 확신 가운데 자기 자신을 그리스도에게 드리라고 하신다. 그렇게 하면 바로 그 믿음 덕분에 우리의 죄가 용서받고, 완전한 파멸에서 벗어나며, 우리는 의롭고, 신실하고, 평화를 누리며, 올곧고, 모든 계명을 지킨 셈이 된다. 우리는 모든 것으로부터 자유로워진다. 이에 대해 성 바울은 로마서에서 이렇게 말했다. "오직 의인은 믿음으로 말미암아 살리라"(롬 1:17). "그리스도는 모든 믿는 자에게 의를 이루기 위하여 율법의 마침이 되시니라"(롬 10:4).

요점 7. 따라서 모든 그리스도인이 공을 들여야

할 유일한 활동과 노력이 있다면, 그것은 바로 말씀과 그리스도의 형상을 마음에 아로새기고, 믿음을 끊임없이 활용해 강화하는 것이다. 그 외의 다른 활동과 노력으로는 그리스도인이 될 수 없다. 이런 사실이 요한복음 6장 28-29절에 기록된 말씀에 분명하게 드러나 있다. 그리스도께서는 유대인들이 무엇을 해야 경건하고, 기독교적인 행위를 할 수 있느냐고 묻자 "하나님께서 보내신 이(곧 성부께서 세우신 유일한 분)를 믿는 것이 하나님의 일이니라"라고 대답하셨다. 진실로 그리스도를 진정으로 믿는 믿음은 가득 넘쳐흐르는 보물이 아닐 수 없다. 믿음은 모든 불행을 제거하고, 모든 축복을 가져다준다. 마가복음의 마지막 장에 기록된 대로, "믿고 세례를 받는 사람은 구원을 얻을 것이요 믿지 않는 사람은 정죄를 받을 것이다"(막 16:16). 이사야 선지자는 이 믿음이 얼마나 놀라운 보물인지를 깨닫고, "넘치는 공의로 파멸이 작정되었음이라 이미 작정된 파멸을 주 만군의 여호와께서 온 세계 중에 끝까지 행하시리라"(사 10:22-23. 루터는 이 구절을 "하나님이 땅에 신속히 심판을 베푸실 것이고, 이 심판이 홍수처럼 의를 콸콸 쏟아낼 것이다"라고 번역했다—역자주)라고 말했다. 오직 믿음 안에서만 모든 계명이 이루어질 수 있다. 믿음은 믿는 모든 자에게 풍성한 의를 제공하기 때문에 의롭고, 올곧게 되기 위해 그 이상의 다른 것은 아무것도 필요하지 않다. 성 바울은 로마서 10장 10절에서 "사람이 마음으로 믿어 의에 이르고 입으로 시인하여 구원에 이르느니라"라고 말했다.

요점 8. 성경에 보면 율법과 계명, 우리가 해야할 행위와 삶의 책임, 우리가 따라야 할 행동 지침과 같은 것들이 많이 제시되어 있는데, 어떻게 오직 믿음만이 우리를 의롭게 만들고, 풍성한 축복을 가져다줄 수 있다는 말인가? 앞으로 좀 더 자세히 살펴보겠지만, 일단은 행위가 아닌 오직 믿음만이 우리를 올곧고, 자유롭고, 복되게 만들 수 있다는 점을 지속적으로 주의를 기울여 진지하게 생각하는 것이 중요하다. 아울러, 성경 전체가 두 종류의 말씀으로 나뉜다는 점도 기억해야 할 필요가 있다. 하나는 명령, 즉 하나님의 율법이고, 다른 하나는 약속, 즉 확신의 말씀이다. 명령은 다양한 종류의 선한 행위를 가르치고, 규정하지만, 선한 행위들을 규정하는 것만으로는 그것들이 이루어지게 만들 수 없다. 그것들은 지침을 제시할 뿐, 도움을 제공하지는 않는다. 바꾸어 말해, 그것들은 어떤 사람이 되어야 하는지를 가르칠 뿐, 그런 일을 행할 능력을 부여하지는 않는다. 그것들이 명령으로 주어진 이유는 인간이 선한 행위를 행할 능력이 없다는 사실을 일깨워 스스로 절망하게 하기 위해서다. 이

것이 그것들이 옛 언약으로 불리는 이유다. 그것들은 모두 다 옛 언약에 속해 있다.[5] 예를 들어, "악한 욕망(탐심)을 갖지 말라"(출 20:17 참조)라는 명령은 우리가 엄청난 죄인이라는 사실을 분명하게 보여준다. 아무리 열심히 노력해도 악한 욕망에서 자유로운 인간은 아무도 없다. 우리는 이런 사실을 통해 우리 자신에 대해 절망을 느끼고 다른 곳에서 도움을 구하는 법을 배워야만 비로소 악한 욕망을 제거하고, 다른 이를 통해 우리 자신이 할 수 없는 일을 할 수 있다. 이 외에 다른 모든 계명도 우리가 이행할 수 없기는 마찬가지다.

요점 9. 인간은 계명들을 통해 자기에게 율법을 지킬 능력이 없다는 사실을 깨달아야만 비로소 율

---

5. 여기에서 루터는 '옛 언약'이라는 용어를 그리스도 이전의 시대를 가리키는 명칭이 아닌 모세에게 주어진 하나님의 율법과 동일한 의미로 사용하고 있다.

법을 어떻게 이룰 수 있을지를 고민하게 된다. 그 이유는 계명들은 반드시 지켜야 하고, 그러지 않으면 정죄받을 수밖에 없기 때문이다. 그런 사실을 깨달으면 인간은 진정으로 겸손해져 스스로의 무가치함을 의식하고, 자기를 올곧게 만들어줄 수 있는 것이 자기 안에 아무것도 존재하지 않는다는 것을 알게 된다. 그 순간, 다른 말씀, 즉 약속과 확신의 말씀이 나타나 말한다. "계명들이 요구하고, 명령하는 대로 악한 욕망을 버리고, 죄를 제거하고, 모든 계명을 지키고 싶으면 그리스도를 바라보고 믿으라. 모든 은혜와 의와 평화와 자유의 확신이 그분을 통해 네게 주어진다. 믿으면 그 모든 것을 누릴 수 있지만, 믿지 않으면 그것들을 누릴 수 없다. 계명들을 지키는 행위를 통해서는 그것들을 얻을 수 없지만, 믿음을 통해서는 쉽고 간단하게 얻을 수 있다. 모든 것이 믿음 안에 놓여 있다. 믿는 자는 모든 것을 소유함으로써 구원받을 수 있지만, 믿지 않는 자는 아무것도 소유할 수 없다." 하나님의 약속은 계명들이 요구하는 것을 제공하고, 그것들이 의도하는 것을 이룬다. 명령과 그것을 이루는 것이 모두 하나님께 속해 있다. 오직 하나님만이 계명들을 명령하고, 오직 그분만이 그것들을 이루신다. 따라서 이 약속은 하나님의 새 언약의 말씀이다. 이 약속은 새 언약에 속한다.

요점 10. 이 약속을 비롯해 모든 하나님의 말씀은 다 거룩하고, 미쁘고, 의롭고, 평화를 가져다주며, 자유롭게 하며, 모든 선한 것으로 충만하다. 따라서 누구든지 참된 믿음으로 말씀을 붙잡으면 그 영혼이 자기 자신과 조화를 이루게 되고, 그로써 말씀이 지닌 모든 덕목이 그 영혼의 소유가 된다. 다시 말해, 영혼은 믿음을 통해 거룩하고, 의롭고, 신실하고, 평화롭고, 자유롭고, 모든 선한 것으로 가득해서 "영접하는 자 곧 그 이름을 믿는 자들에게는 하나님의 자녀가 되는 권세를 주셨으니"(요 1:12)라는 말씀대로 하나님의 자녀가 된다.

이 점을 기억하면, 믿음은 그런 놀라운 역사를 일으킬 수 있고, 선한 행위는 절대로 그럴 수 없는 이유를 쉽게 이해할 수 있다. 그 이유는 간단하다. 믿음은 하나님의 말씀을 의지하지만, 선한 행위는 그러하지 않기 때문이다. 선한 행위는 영혼 안에 거할 수 없다. 오직 말씀과 믿음만이 그 안에서 다스린다. 쇠가 불을 만나면 불처럼 시뻘겋게 되는 것처럼, 영혼도 (그리스도 안에 있는 약속의) 말씀과 만나면 그 말씀을 통해 새로워진다. 그리스도인은 믿음 안에서 이미 모든 것을 충분히 소유하고 있기 때문에 의롭게 되기 위해 행위를 필요로 하지 않는다. 그리스도인이 더 이상 행위를 의지하지 않는 순간, 그는 율법과 계명들로부터 해방된다. 그것들로부터 해방되면 진정한 자유를 누린다. 이것이 그리스도인의 자유다. 물론, 믿음은 나태함에 빠져들게 하거나 악을 저지르도록 허용하지 않는다. 이것은 단지 의롭게 되어 구원을 받는 일에 행위가 전혀 필요하지 않다는 뜻이다. 이 점에 대해서는 나중에 좀 더 자세히 살펴볼 생각이다.

II

요점 11. 믿음의 의미를 좀 더 설명하면 다음과 같다. 어떤 사람이 다른 사람을 믿을 때는 그 사람을 올곧고, 신뢰할 만한 사람으로 여기기 때문에 믿는 것이다. 이것은 인간이 다른 인간에게 줄 수 있는 가장 큰 영예가 아닐 수 없다. 이는 인간이 다른 인간을 악인이자 거짓말쟁이이자 음탕한 사람으

로 여기는 것이 가장 큰 수치인 것과 같다. 따라서
영혼이 하나님의 말씀을 굳게 신뢰하면, 그것은 곧
그분을 정직하고, 의롭고, 신뢰할 만한 분으로 여
겨 그분께 드릴 수 있는 가장 큰 영예를 드리는 것
이다. 다시 말해, 그것은 하나님의 의로우심을 인
정하고, 그분의 이름을 존귀하게 여기며, 그분이
원하는 대로 행하시도록 허락하는 것이다. 그렇게
하는 이유는 그분이 의로우실 뿐 아니라 그분의 말
씀이 모두 신뢰할 만하다는 것을 조금도 의심하지
않기 때문이다. 그와는 달리, 하나님을 신뢰하지
못하는 것만큼 그분을 불명예스럽게 만드는 것은
없다. 그것은 그분을 무능력하고, 기만적이고, 신뢰
할 수 없는 분으로 여겨 불신을 품고서 온 힘을 다
해 그분을 거부하는 것과 같다. 그런 영혼은 마치
자신이 하나님보다 더 잘 알고 있는 것처럼 그분
을 대적하며 마음속에서 일어나는 상상을 따라 우

상을 만들어낸다. 영혼이 하나을 신뢰할 만한 분으로 인정하고 믿어 그분을 존중하면 하나님도 그것을 보고 영혼을 존중하며, 의롭고 신실하게 여기신다. 이처럼 영혼은 믿음을 통해 의롭고, 신실하게 된다. 하나님의 신실하심과 의로우심을 인정한다는 것은 곧 그분이 정의롭고, 신뢰성 있게 행동하는 의롭고, 진실한 분이시라는 것을 인정하는 것이다. 하나님이 진실하시다는 것을 인정하는 것은 지극히 참되고, 온당한 일이 아닐 수 없다. 비록 지칠 정도로 힘들여 열심히 선한 행위를 많이 행하더라도 믿지 않으면 그것은 곧 하나님의 진실성을 인정하지 않는 것이나 마찬가지다.

요점 12. 하나님의 말씀이 그러하듯, 믿음은 영혼을 은혜로 충만하게 하며, 자유롭고, 복되게 할 뿐 아니라 그리스도의 신부가 되게 하여 신랑이신 그리스도와 연합하게 만든다. 성 바울이 말한 대로

(엡 5:30), 이 연합의 결과로 그리스도와 영혼은 한 몸이 된다. 따라서 그리스도와 영혼은 좋은 것이든 나쁜 것이든 모든 것을 공유한다. 그리스도께 속한 것이 믿는 영혼에게 속하고, 영혼이 소유한 것이 그리스도께 속한다. 그리스도께서 지니신 선한 것과 축복이 모두 영혼에게 속하고, 영혼이 지닌 모든 악과 죄가 그리스도의 소유가 된다. 이런 식으로 즐거운 만남과 교환이 이루어진다. 그리스도께서는 하나님이시고, 죄를 지은 적이 없는 인간이시다. 그분의 의로운 성품은 영원하고, 견고하며, 절대적이기 때문에 그분은 믿는 영혼의 죄를 신부의 결혼반지(즉 믿음)와 함께 자신의 소유로 삼고 마치 그 죄를 자신이 직접 지은 것처럼 행동하신다. 그분을 통해 죄가 삼키워진다. 그분의 견고한 의는 너무나 강하기 때문이다. 영혼은 신랑이 주는 혼인 선물인 믿음 때문에 모든 죄에서 깨끗해지고, 자유

롭게 되며, 신랑이신 그리스도의 영원한 의가 영혼에게 주어진다. 부유하고, 고귀하고, 의로운 신랑이신 그리스도께서 가난하고, 비천하고, 악한 매춘부와 혼인을 해 그녀의 모든 악을 제거하고, 온갖 선한 것으로 그녀를 장식하시는 것은 그 얼마나 기쁘고, 즐거운 거래인가! 지금 그리스도의 품에 안겨 그분의 사랑을 한껏 받고 있는데 어떻게 죄가 그녀를 정죄할 수 있겠는가? 그녀는 신랑 안에서 참된 의를 소유했기 때문에 비록 죄가 자신을 짓누르더라도 모든 죄와 맞서 싸울 수 있다.[6] 바울은 고린도전서 15장 54, 57절에서 "우리 주 예수 그리스도로 말미암아 우리에게 승리를 주시는 하나님께

___

6. 이런 형태의 '신부의 비유'는 루터가 좋아했던 중세 시대의 신학자 클레르보의 베르나르의 설교에서 기원한 것일 수 있다. 이런 표현은 15세기 독일어권 나라들의 수도원적인 신비적 경건주의의 두드러진 특징이었다.

감사하노라.""(그리스도 안에서) 죄와 함께 사망이 삼
키어졌다."라고 말했다.

요점 13. 믿음은 모든 계명을 성취하고, 다른 행
위가 아무것도 없어도 사람을 의롭게 만든다. 그렇
다면 무슨 근거로 믿음이 그렇게 많은 역사를 일
으킨다고 말할 수 있는 것일까? 무엇보다도 믿음
은 "한 분이신 하나님을 공경하라"라는 첫 번째 계
명을 성취한다(출 20:2-3).[7] 머리부터 발끝까지 온
통 선한 행위밖에 없다고 하더라도 그것만으로는
우리 자신이 의롭다거나 하나님께 합당한 영예를
그분께 드리고 있다는 증거가 될 수 없다. 그것만
으로는 첫 번째 계명이 성취되지 않는다. 하나님은
자기를 모든 선한 것의 원천이요 신실하신 분으로

---

7. 《그리스도인의 자유》보다 약 5개월 전에 출판된 루터의 《선행론》은
이런 식으로 첫 번째 계명을 강조하는 것을 주된 논거로 삼았다.

인정하지 않으면, 다른 어떤 식으로든 존중받기를 원하지 않으신다. 따라서 오직 믿음만이 사람을 의롭게 만들고, 모든 계명을 성취할 수 있다. 가장 으뜸 되는 첫 번째 계명을 성취하는 사람은 다른 계명들을 확실히 그리고 쉽게 성취한다. 행위는 죽어 있는 객체이다. 행위는 하나님을 영화롭게 하고 찬양하는 방식으로 이행되더라도, 그분을 영예롭게 하거나 찬양할 수 없다. 우리가 지금 여기에서 추구하는 것은 행위 자체가 아니라 행위를 발생시키는 것, 곧 행위를 일으키는 원동력이다. 그것이 하나님을 영예롭게 하며, 행위를 발생시킨다. 그것은 다름 아닌 마음속에 있는 믿음이다. 영혼의 올곧은 상태의 모든 본질이 여기 달려 있다. 따라서 하나님의 계명들을 행위로 성취할 수 있다고 가르치는 것은 불확실할 뿐 아니라 위험하기까지 하다. 행위는 모두 믿음을 통해서만 이루어져야 한다. 행위는 믿음의 성취로 인한 결과물이다.

요점 14. 우리가 그리스도 안에서 무엇을 소유하고 있고, 또 참된 믿음이 얼마나 큰 축복인지를 좀 더 자세히 알기 위해서는 구약성경을 이해해야 한다.[8] 하나님은 사람과 동물의 처음 난 것을 자기를 위해 따로 구별해 보존하셨다(출 13:12). 맏아들은 높이 존중되었고, 다른 자녀들에 비해 두 가지 이점을 지녔다. 그것은 곧 주인이자 제사장의 지위, 즉 왕과 제사장의 지위였다. 맏아들은 모든 형제를 다스리는 주(lord)이자 하나님과의 관계에서는 제사장이요 교황과 같은 존재였다. 이것은 곧 예수 그리스도를 가리키는 상징이다.[9] 그분은 동정녀 마리아를 통해 태어난 성부 하나님의 맏아들

---

8. 여기에서 '구약성경'은 그리스도 이전의 시대와 그 당시에 이루어졌던 하나님과 히브리 백성과의 관계를 가리키는 의미를 지닌다.

이시다. 따라서 그분은 왕이요 제사장이시다. 그분의 왕국은 세상에 속하지 않고, 세상의 것과 관련되지 않는다. 그리스도의 왕국은 그분의 신실하심, 지혜, 평화, 기쁨, 복스러움 등과 같은 영적인 축복과 관련이 있다. 물론, 그렇다고 해서 일시적인 축복이 모두 배제되는 것은 아니다. 비록 그리스도를 볼 수는 없더라도(이는 그분이 보이지 않는 상태로 영적으로 통치하신다는 뜻이다), 하늘에 있는 것이나 땅에 있는 것은 물론, 심지어는 지옥에 있는 것까지도 모두 그분께 종속된다.

따라서 그리스도의 제사장직은 인간들의 경우와는 달리 외적인 동작이나 의복이 아닌 보이지 않는 영적인 것으로 이루어져 있다. 그분은 하나님 앞에

---

9. 독일어 단어 Figur는 '예표'(type)와 밀접하게 관련된 라틴어 '피구라(figura)'의 개념을 지니고 있다. 이것은 예수 그리스도나 교회와 신자들의 삶을 예언한 구약 시대의 역사적 사건을 가리킨다.

서 항상 자기 백성을 대표하고, 자기를 희생제물로 드리며, 제사장이 해야 할 모든 일을 행하신다. 성 바울이 로마서 8장 34절에서 말한 대로, 그분은 우리를 위해 간구하신다. 그분은 또한 우리의 마음속에서 우리를 내밀히 가르치신다. 이것이 제사장에게 주어진 두 가지 고유 임무다. 세상에 있는 인간 제사장들도 그런 식으로 이따금 중보 기도를 드리고, 가르침을 베푼다.

요점 15. 맏아들이신 그리스도께서는 자신이 소유한 영예와 존귀함을 모든 그리스도인들과 공유하신다. 성 바울이 베드로전서 2장 9절에서 "너희는...왕 같은 제사장들이요"라고 말한 대로, 그들도 믿음을 통해 그리스도와 함께 왕과 제사장이 될 수 있다. 그리스도인들은 높임을 받아 다른 모든 것 위에 있다. 그들은 영적으로 만물의 주(lord)이다. 구원과 관련해서는 그 무엇도 그들을 해할 수 없기 때문이다. 성 바울이 로마서 8장 28절에서 "택함을 받은 자들에게는 모든 것이 (생명이든 죽음이든, 죄든 의로움이든, 선한 것이든 악한 것이든, 또 다른 어떤 것이든) 합력하여 선을 이루느니라"라고 가르친 대로, 모든 것이 그리스도인들의 구원에 이바지하며, 그들에게 종속된다. 고린도전서 3장 21-22절은 "만물이 다 너희 것임이라…생명이나 사망이나 지금 것이나 장래 것이나 다 너희 것이요"라고 말씀한다. 물론, 우리는 물리적 차원에서 만물을 상대로 권력을 행사하거나 그것들을 소유하거나 사용하지 않는다. 왜냐하면 우리의 육체는 죽을 수밖에 없기 때문이다. 죽음을 피할 수 있는 사람은 아무도 없다. 같은 방식으로 우리는 다른 많은 것들에 종속된다. 우리는 이 사실을 그리스도와 그의 성도들에게서 찾아볼 수 있다. 성도가 가진 주권은 영적인 주권이기에 육체가 억압을 받아도 이 주권은 여전히 행사된다. 이 주권은 다른 모든 것이 없어도 나의 영혼을 유익하게 한다. 심지어는 죽음과 고난조차도 나를 이롭게 하고, 나의 구원에 이바지한다. 이것은 고귀하고, 영예로운 위엄을 지닌 전능한 주권, 곧 영적 왕국이다. 선한 것이든 악한 것이든 나의 영혼을 유익하게 하지 못할 것은 아무것도 없다. 만일 내가 믿는다면 다른 것은 아무것도 필요없다. 나의 믿음만으로 충분하다. 그리스도인들이 소유한 자유와 권능은 참으로 보배롭기 그지없다.

요점 16. 이에 더하여, 우리는 제사장들이다. 우리는 왕의 차원을 훨씬 뛰어넘는다. 그 이유는 제사장직이 우리에게 하나님 앞에 나가 다른 사람들을 위해 중보 기도할 수 있는 합당한 자격을 부여하기 때문이다. 하나님 앞에 서는 것은 오직 제사장만이 할 수 있는 일이다. 따라서 그리스도께서는 제사장들이 하나님 앞에 나아가 백성들을 위해 중보 기도를 드렸던 것처럼, 우리가 영적으로 하나님 앞에 나아가 다른 사람을 위해 중보 기도를 드릴 수 있도록 우리를 자기의 소유로 만드셨다. 그리스도를 믿지 않는 사람에게는 그 어떤 것도 유익을 주지 못한다. 그런 사람은 만물의 노예이고 어떤 것을 통해서도 더 나빠질 뿐이다. 그런 사람의 기도는 하나님을 기쁘시게 하지 못하며 그분께 상달되지 않는다. 그리스도인의 높아진 지위와 영예를 그 누가 상상조차 할 수 있겠는가? 그의 왕권은 그에게 만물을 다스리는 권한을 부여하고, 그의 제사장직은 하나님을 움직일 수 있는 능력을 준다. 하나님은 그가 구하거나 원하는 것을 이루어주시기 때문이다. "그는 자기를 경외하는 자들의 소원을 이루시며 또 그들의 부르짖음을 들으사 구원하시리로다"(시 145:19), 그리스도인은 오직 믿음을 통해 그런 영예를 얻는다. 이처럼, 그리스도인은 모든 것으로부터 자유롭고, 모든 것을 다스린다. 의롭고 복된 존재가 되기 위해 선한 행위는 전혀 필요하지 않다. 오직 믿음을 통해 모든 것이 풍성하게 주어진다. 만일 그리스도인이 어리석음에 사로잡혀 선한 행위를 통해 의롭고, 자유롭게 되어 구원받는다고 생각한다면, 고깃덩이를 물고 있는 개가 수면에 비친 자기 모습을 보고 그것을 덥석 물려고 하다가 고깃덩이와 수면에 비친 모습을 둘 다 잃게 되는 것처럼 믿음과 함께 동반되는 다른 축복들을 모조리 잃고 말 것이다.

요점 17. 혹시 "만일 그리스도인들이 모두 제사장이라면 사제와 평신도의 차이가 무엇인가?"라고 묻는다면 이렇게 대답할 수 있다. '사제'나 '교구 사제'나 '성직자'라는 용어들을 일반인 외에 소수의 사람에게만 적용한다면, 그것은 그 용어들을 오용하는 것이다. 성경은 학식 있고 성직에 서

품된 사람들을 다른 그리스도인들에게 믿음과 기독교적인 자유를 선포해야 하는 종(*ministros*), 노예(*dervos*), 청지기(*oeconomos*)로 부르는 외에 다른 어떤 차이도 두지 않는다. 우리는 동등한 차원에서 모두 제사장이지만, 모두가 다 직임을 맡아 섬기거나 성례를 집행하거나 말씀을 전하지는 않는다. 성 바울은 고린도전서 4장 1절에서 "사람이 마땅히 우리를 그리스도의 일꾼이요 하나님의 비밀을 맡은 자로 여길지어다"라고 말했다. 오늘날 이 청지기의 직임으로부터 일시적이고, 외적이며, 호화롭고, 무시무시한 권력과 주권, 곧 마치 평신도는 그리스도인이 아니기라도 한 것처럼 행동하면서 한시적인 권력을 온당하게 행사하는 것과는 전혀 다른 형태의 권력과 주권이 생겨났다. 그와 더불어 은혜, 자유, 믿음을 비롯해 우리가 그리스도 안에서 소유하는 것들은 물론, 심지어는 그리스도에 대한 기독교적인 이해까지도 모두 상실되고 말았다. 그 자리에 인간적인 규칙과 행위가 들어섰고, 우리는 세상에서 가장 무능한 사람들에게 온전히 예속되고 말았다.[10]

요점 18. 우리는 이런 사실을 통해 그리스도는 전하지 않고, 단지 교황이 제정한 교회법을 비롯해 인간이 만든 다른 법칙이나 교리를 선포하는 것은 말할 것도 없고, 그리스도의 삶과 사역을 단순히 역사로만, 곧 사건들에 대한 역사적인 기록으로만 대충 엉성하게 전하는 것도 충분하지 않기는 매한가지라는 것을 알 수 있다. 게다가, 그리스도에 대한 설교와 강론으로 그분에 대해 깊은 연민을 표

---

10. 루터는 교육도 제대로 받지 못하고, 이해력도 부족한 성직자들이 많았던 현실을 자주 개탄스럽게 여겼다. 공식적인 신학 훈련을 전혀 받지 못했거나 거의 받지 못한 사제들이 많았다. 그 가운데는 대학 교육조차 받지 못한 사람들도 적지 않았다.

하거나 유대인들에 대한 분노를 표출하거나 그보다 훨씬 더 유치한 일을 행하는 사람들도 적지 않다. 그러나 그리스도를 전하려면 믿음을 일깨워 그것이 우리 안에서 유지되게 만드는 방식으로 전해야 한다. 이 믿음을 일깨워 유지하게 하려면 그리스도께서 왜 오셨는지, 그분의 강림을 어떻게 이해해 받아들여야 하는지, 그분을 통해 어떻게 유익을 얻을 수 있는지, 그분이 우리에게 무엇을 가져다주었고, 무엇을 베푸시는지를 알려주어야 한다. 다시 말해, 이런 일은 지금까지 내가 말한 대로 누군가가 나서서 그리스도인의 자유, 곧 우리가 그리스도를 통해 얻는 자유를 정확하게 제시하고, 우리가 모든 것을 다스리는 왕이자 제사장이요, 우리가 하는 모든 일이 하나님을 기쁘시게 하고, 그분이 그 모든 것을 지켜보고 계신다는 것을 일깨워줄 때 비로소 일어날 수 있다. 마음이 그리스도께 귀를 기울이면 기쁨의 근원으로부터 기쁨을 얻게 되고, 위로를 발견하며, 부드러운 마음으로 그리스도에게 나아가 그분을 다시 한번 사랑하게 된다. 그 때 그 사람은 율법이나 행위가 가득한 상황으로 되돌아가기를 두 번 다시 원하지 않는다. 복된 마음을 해하고, 두렵게 만들고자 할 사람이 누가 있겠는가? 죄와 죽음의 세력이 사그라들면, 마음은 그리스도를 자기의 의로 믿고, 자신의 죄가 다시는 자기에게 속하지 않고 그분에게 속한다는 확신에 도달한다. 앞서 말한 대로, 믿음 안에서 그리스도의 의 앞에 죄는 종적을 감출 수밖에 없다. 그러면 마음은 바울 사도처럼 "사망아 너의 승리가 어디 있느냐 사망아 네가 쏘는 것이 어디 있느냐 사망이 쏘는 것은 죄요 죄의 권능은 율법이니라 우리 주 예수 그리스도로 말미암아 우리에게 승리를 주시는 하나님께 감사하노니...사망을 삼키고 이기리라고 기록된 말씀이 이루어지리라"(고전 15:55-57, 54)라고 외치며 죄와 죽음에 강력하게 맞서는 법을 터득하게 된다.

요점 19. 지금까지 속사람과 그 자유와 그 의에 관해 충분히 말했다. 속사람의 의는 율법이나 선한 행위가 필요 없다. 만일 그것들을 통해 의롭게 될 수 있다는 주제넘은 생각을 한다면, 그것들은 오히려 속사람을 해롭게 할 것이다. 내가 앞에서 말한 것을 못마땅하게 여기며 "믿음이 전부이고, 사람을 의롭게 하는 데 믿음만으로 충분하다면 왜 선한 행위를 하라고 명령하는 것이오? 우리는 아무것도 하지 않고, 마음껏 즐기고 싶소이다."라고 말하는 데 익숙한 사람들에게 이렇게 대답하고 싶다. 사랑하는 친구여, 결코 그렇지 않다. 만일 우리가 속사람만 가지고 있는, 온전히 영적이고 내적인 사람이라면 얼마든지 그럴 수 있겠지만, 마지막 날이 이르기 전까지 우리는 그럴 수가 없다. 세상에서는 단지 내세에 완성될 것의 시작과 성장만이 있을 뿐이다. 바울 사도는 이를 '성령의 처음 익은 열매(*primatias spiritus*)'(롬 8:23)라는 말로 일컬었다. 따라서 현재로서는 앞서 말한 대로 "그리스도인은 자발적으로 만물을 섬기는 종이 되어, 모든 사람에게 종속된다."라는 원칙이 적용된다. 그리스도인은 자유롭고, 아무것도 할 필요가 없지만, 그와 동시에 그는 종이며 모든 것을 행해야 한다. 이제는 이것이 어떻게 서로 조화를 이루는지 살펴볼 생각이다.

III

요점 20. 영혼 안에 있는 속사람은 믿음을 통해 온전히 의롭개 되어 그가 구비해야 하는 모든 것을 소유하지만(이 믿음과 은혜는 내세에 들어갈 때까지 항상 더욱 증대되어야 한다는 사실은 별론으로 하고), 육체를 지 닌 상태로 이 땅에 머물러 있어야 하기 때문에 육 체를 제어하고, 다른 사람들과 관계를 맺어야 한 다. 이것이 행위가 필요한 이유다. 속사람은 이 일 에 나태해서는 안 된다. 육체는 속사람과 믿음에 복종하고, 순응하도록 금식과 철야 기도와 노동을 비롯해 모든 합당한 수단들을 통해 제어되고, 훈련 되어야 한다. 육체는 강제하지 않으면 속사람을 방 해하고, 거부하려는 성향이 있다. 속사람은 하나님 과 연합한 상태이고, 자기를 위해 그토록 많은 것 을 해주신 그리스도 덕분에 큰 기쁨과 활력을 누 린다. 속사람이 원하는 것은 보상을 생각하지 않고 자유로운 육체로 하나님을 섬기는 것뿐이다. 그런 데 속사람은 자신의 육체 안에 세상을 섬기며, 자 기를 기쁘게 하는 것을 추구하려는 반항적인 의지가 도사리고 있는 것을 발견한다. 믿음은 이를 용납하지 않고, 그것을 제어하기 위해 힘써 맞서 싸우며 조금도 주저함 없이 그 급소를 공격한다. 이런 사실이 성 바울의 말을 통해 분명하게 확인된다. 그는 여러 곳에서 이렇게 말했다. "내 속사람으로는 하나님의 법을 즐거워하되 내 지체 속에서 한 다른 법이 내 마음의 법과 싸워 내 지체 속에 있는 죄의 법으로 나를 사로잡는 것을 보는도다"(롬 7:22-23). "내가 내 몸을 쳐 복종하게 함은 내가 남에게 전파한 후에 자신이 도리어 버림을 당할까 두려워함이로다"(고전 9:27). "그리스도 예수의 사람들은 육체와 함께 정욕과 탐심을 십자가에 못 박았느니라"(갈 5:24).

요점 21. 그러나 그런 행위들을 통해 인간이 하나님 앞에서 의롭게 될 수 있다고 생각하고, 그것을 추구해서는 곤란하다. 믿음은 그런 생각을 용납

하지 않는다. 우리가 하나님 앞에서 의롭게 되는 것은 오직 믿음을 통해서다. 이 믿음에는 육체를 복종시켜 악한 욕망에서 깨끗하게 해야 한다는 인식이 포함되어 있다. 눈으로 악한 욕망을 직시하는 이유는 그것을 제거하기 위해서다. 영혼은 믿음을 통해 깨끗해져 하나님을 사랑하게 되기 때문에 모든 것, 특히 자신의 육체가 순결하기를 간절히 바라기 마련이다. 육체를 다스리는 일에 나태해서는 안 된다. 선한 행위를 많이 해 육체를 제어해야 한다. 다시 말하지만, 행위는 우리를 하나님 앞에서 정직하고, 의롭게 만드는 수단이 아니다. 단지 그 어떤 이익도 바라지 않고 자발적인 사랑을 통해 하나님을 기쁘시게 하겠다는 일념으로 선한 행위를 해야 한다. 하나님을 기쁘시게 하는 것 외에는 선한 행위를 통해 다른 무엇을 얻거나 찾으려고 해서는 안 된다. 항상 기꺼운 마음으로 하나님을 위해 모든 일에 최선을 다해야 한다. 그렇게 하면 육체를 제어하는 법을 적절하게 파악할 수 있을 뿐 아니라 금식도 하고, 철야 기도도 하는 등, 육체의 강팍함을 제어하는 데 필요하다고 생각되는 모든 일에 열심을 낼 수 있다. 그러나 행위를 통해 의롭게 될 수 있다고 생각하는 사람들은 그런 훈련에 전혀 관심을 기울이지 않고, 오로지 행위에만 초점을 맞춘다. 그들은 중요한 일을 많이 할 수 있고, 그런 노력이 잘 이루어진다면 의롭게 될 수 있다고 믿는다. 그들은 그런 노력을 기울이는 과정에서 이따금 자신의 머리를 상하게 하기도 하고, 육체를 훼손하기도 한다. 그들은 믿음이 아닌 행위를 통해 의롭게 되어 구원받기를 원한다. 이것은 기독교적인 삶에 관한 엄청난 오해이자 어리석음이 아닐 수 없다.

요점 22. 이를 한 가지 비유를 들어 설명하면 다

음과 같다. 즉 아무런 보상도 바라지 않고 오직 믿음과 하나님의 순수한 은혜에 의해 의롭게 되어 구원받은 그리스도인의 행위는 아담과 하와가 낙원에서 행했던 행위와 매우 비슷하다. 창세기 2장 15절은 "하나님이 그 사람을 이끌어 에덴동산에 두어 그것을 경작하며 지키게 하시고"라고 말씀한다. 하나님은 아담을 올곧고, 평화로운 상태, 곧 죄가 없는 상태로 창조하셨다. 아담은 동산을 경작하고, 지켰던 행위를 통해 올곧고, 의롭게 되지 않았다. 그러나 하나님은 그가 나태하지 않도록 그에게 해야 할 일, 곧 동산을 경작하고, 지키고, 돌보는 임무를 부여하셨다. 그것은 하나님을 기쁘시게 하는 것 외에는 그 어떤 이익과도 무관한, 자유로이 주어진 일이었을 뿐, 의로움을 얻는 수단이 아니었다. 아담은 이미 그러한 의로움을 소유한 상태였다. (만일 그가 타락하지 않았다면) 우리도 그러한 의로움을 본성상 소유한 채 태어날 것이다. 그와 마찬가지로 믿음으로 행하는 신자의 행위는 그 사람을 다시금 낙원에 데려간다. 새로운 피조물인 신자는 의롭게 되기 위해 행위가 필요하지 않다. 그러나 그는 나태해서는 안 되고, 자기 몸을 잘 돌보고, 훈련해야 한다. 성경은 오직 하나님을 기쁘시게 하려는 목적으로 자유롭게 행하는 행위만을 명령할 뿐이다.

주교로 임명된 사람이 교회 봉헌 예배를 집례하거나 견진 성사를 베푸는 것을 비롯해 자신의 직임과 관련된 일들을 행한다고 해서 그런 행위를 통해 주교가 되는 것은 아니다. 그가 이미 주교로 임명되지 않았다면, 그의 행위는 아무런 타당성을 지니지 못할 뿐 아니라 어리석은 자의 행위에 지나지 않을 것이다. 이처럼, 믿음으로 거룩하게 봉헌된 그리스도인은 선한 행위를 할지라도 그것을 통해 그리스도인으로서 더 봉헌되는 것이 아니다(오직 믿음만이 그러한 성장을 산출할 수 있음). 믿음으로 그리스도인이 되지 않았다면, 그의 행위는 비난받을 만한 어리석고 가증스러운 죄악에 지나지 않을 것이다.

요점 23. 따라서 "선하고, 의로운 행위가 선하고 의로운 사람을 만들지는 못하지만 선하고 의로운 사람은 선하고 의로운 행위를 하기 마련이다. 악한 행위가 악한 사람을 만들지는 못하지만 악한 사람은 악한 행위를 하기 마련이다."라는 두 명제는 사실이다. 선한 행위가 있기 전에 사람이 먼저 선하고, 의로워져야 한다. 선한 행위는 사람이 선하고, 의롭게 된 것의 결과물이다. 이는 그리스도께서 "좋은 나무가 나쁜 열매를 맺을 수 없고 못된 나무가 아름다운 열매를 맺을 수 없느니라"(마 7:18)라고 말씀하신 이치와 같다. 열매가 나무를 맺지 않고, 나무가 열매에서 자라지 않는 것은 분명한 사실이다. 반대로, 나무가 열매를 맺고, 열매가 나무에서 자란다. 열매가 있기 전에 나무가 먼저 있다. 열매는 나무를 좋게 만들거나 나쁘게 만들지 못한다. 오히려 나무가 열매를 그렇게 만든다. 그와 마찬가지로 사람이 먼저 선하거나 악하기 때문에 거기에서 선한 행위나 악한 행위가 비롯한다. 선하거나 악한 행위는 사람에게서 나온다. 다른 모든 경우를 통해서도 이런 사실을 똑같이 발견할 수 있다. 예를 들어, 좋은 집이나 나쁜 집이 좋은 목수나 나쁜 목수를 만드는 것이 아니라 좋은 목수나 나쁜 목수가 좋은 집이나 나쁜 집을 만든다. 어떤 것이 존재한다고 해서 그것이 장인을 만드는 것은 결코 아니다. 오히려 무엇인가를 만드는 사람이 먼저 있어야만 결과물이 나올 수 있다. 이처럼, 사람이 믿음 안에 있느냐 불신앙 안에 있느냐에 따라 그가 행하는 행위의 본질, 곧 그것이 선한지 악한지가 결정된다. 다시 말하지만, 사람이 만들어낸 것이 그가 의롭고, 믿음이 있는지를 결정하지 않는다. 그의 행위가 그를 의롭게 만드는 것이 아니다. 그러나 믿음은 사람을 의롭게 할 뿐 아니라 선한 행위를 일으킨다. 행위가 사람을 의롭게 만들지 않는다. 선한 행위를 하려면 먼저 사람이 의롭게 되어야 한다. 오직 믿음만이 그리스도와 그분의 말씀을 통해 주어지는 순수한 은혜를 근거로 사람을 온전히 의롭게 만들어 구원에 이르게 한다. 행위나 명령은 그리스도인이 구원받는 데 전혀 필요하지 않다. 그리스도인은 모든 명령으로부터 자유롭다. 그는 아무런 이익을 생각하지 않고 순수한 자유를 토대로 모든 것을 행할 뿐, 행위를 통해 그 어떤 유익이나 구원을 추구하지 않는다. 그는 이미 필요한 것을 모두 소유하고 있고, 하나님의 은혜와 믿음을 통해 구원받았다. 따라서 그는 단지 하나님을 기쁘시게 하는 일을 행하기만을 원한다.

요점 24. 믿음이 없는 사람도 선한 행위를 통해 유익이나 구원을 얻을 수 없기는 마찬가지다. 또한, 악한 행위가 그를 악하게 만들어 파멸에 이르게 하는 것도 아니다. 그를 그렇게 만드는 것은 다름 아닌 불신앙이다. 불신앙이 그를 나쁘게 만든다. 나쁜 나무가 나쁜 열매를 맺는 것처럼 그런 사람은 악하고, 가증스러운 행위를 한다. 이처럼, 사람의 상태가 선한지 악한지는 행위가 아닌 믿음의 여부에 따라 달라진다. 지혜자(예수아 벤 시라. 신구약 중간기인 BC 2세기에 집회서를 저술한 인물)는 "하나님을 버리고 그분을 신뢰하지 않는 것이 모든 죄의 시작이다."라고 말했다(집회서 10:14-15).[11] 그리스도께서도 행위를 시작점으로 삼아서는 안 된다고 가르치셨다. 그분은 마치 "누구든지 좋은 열매를 얻고 싶으면 먼저 좋은 나무를 심어야 한다."라고 말하기라도 하듯 "나무도 좋고 열매도 좋다 하든지 나무도 좋지 않고 열매도 좋지 않다 하든지 하라"(마 12:33)라고 말씀하셨다. 따라서 누구든지 선한 행위를 하기를 원한다면, 행위가 아닌 행위의 주체인 사람에게서부터 시작해야 한다. 그 무엇도 사람을 선하게 만들 수 없다. 오직 믿음만이 그렇게 할 수 있다. 아울러, 불신앙 외에는 그 무엇도 삶을 악하게 만들 수 없다. 물론, 사람들이 볼 때는 행위가 사람을 의롭거나 악하게 만드는 것처럼 보인다. 행위는 겉으로 누가 의로운지 악한지를 보여준다. 그리스도께서도 "이러므로 그들의 열매로 그들을 알

---

11. 루터는 헬라어로만 현존하는 외경들을 두 번째 범주에 포함시킨 히에로니무스의 정경 기준을 따랐다. 그는 1534년에 펴낸 자신의 독일어 성경에서 외경들이 "성경과 동등한 것으로 간주되지는 않지만, 읽기에 유익하고, 이롭다."라고 말했다. 벤 시라의 집회서는 유익한 도덕적 교훈들을 가르치고 있기 때문에 루터의 제자들 사이에서 가장 자주 활용되었던 외경이었다.

리라"(마 7:20)라고 말씀하셨다. 그러나 그것은 모두 겉으로 드러난 외관일 뿐이다. 겉으로 나타나는 것 때문에 많은 사람이 그릇된 판단에 빠진다. 그들은 사람이 어떻게 선한 행위를 하여 의롭게 되어야 하는지 가르친다. 그들은 믿음은 전혀 고려하지 않고, 자신의 생각만을 따른다. 이는 소경이 소경을 인도하는 것과 같다. 그들은 많은 행위로 스스로를 괴롭힐 뿐, 진정으로 의롭게 되기 위해 애쓰지 않는다. 성 바울은 그런 사람들을 염두에 두고 디모데후서 3장 5-7절에서 "경건의 모양은 있으나 경건의 능력은 부인하니…항상 배우나 끝내 진리의 지식에 이를 수 없느니라"라고 말했다. 이런 눈먼 교사들과 어울리지 않으려면 행위나 명령, 또는 행위에 대한 가르침에만 집중하지 말고, 다른 무엇보다도 사람에게 집중해 사람이 어떻게 의롭게 되는지를 생각해야 한다. 그러면 명령과 행위가 아닌 하나님의 말씀(즉 은혜의 약속)과 믿음을 통해 의롭게 되어 구원을 받는다는 것을 알게 될 것이다. 이를 통해 하나님의 영광이 드러난다. 그분은 우리의 행위가 아니라 아무런 조건 없이 순수한 긍휼에서 비롯하는 자신의 은혜로운 말씀을 통해 우리를 구원하신다.

요점 25. 이 점을 기억하면, 선한 행위를 어떤 관점에서 바라봐야 하고, 또 선한 행위를 요구하는 가르침을 어떻게 받아들여야 할지를 쉽게 이해할 수 있다. (죄인들의 구원과 행위를 결부시켜) 그릇 이해하거나 왜곡된 해석을 시도하면, 즉 행위를 통해 우리가 의롭게 되어 구원받는다고 생각하면 그 행위는 이미 올바로 행해진 것이 아닌 가증스러운 죄악에 지나지 않는다. 그런 행위는 자유로이 행해진 것이 아닐 뿐 아니라 사람들을 의롭게 만들어 믿음을 통해 구원하는 하나님의 은혜를 멸시한다. 행위는 그런 일을 할 수 없는데도 그렇게 하려고 힘써 노력할 뿐 아니라 은혜가 하는 일과 그 영광을 가로채려고 시도한다. 따라서 우리가 거부해야 할 것은 선한 행위 자체가 아니라 그것을 (구원을 얻는 수단으로) 그릇 적용하고, 그것을 왜곡해 잘못 이해하려는 시도다. 행위가 겉으로는 선한 것처럼 보이지만 실제로는 그렇지 않고, 오히려 노략질하는 이리가 양의 탈을 뒤집어쓴 것처럼(마 7:15) 행위 당사자와 다른 모든 사람을 속이는 이유는 그런 그릇된 해석 때문이다. 믿음이 없는 곳에서는 행위와 구원을 그릇 연관시켜 혼란스러운 해석을 일삼는 일을 극복할 수 없다. 행위를 통해 거룩함을 추구하려는 사람들은 믿음이 와서 모든 것을 바로잡기 전까지는 그런 오류에서 벗어날 수 없다. 인간의 본성은 자기 힘으로는 그렇게 할 능력이 없다.[12] 그들은 그런 사실을 인정하지 않고, 행위와 구원을 그런 식으로 연관시키는 것을 보배로운 축복으로 간주한다. 이런 그릇된 가르침에 현혹되는 사람들이 너무나도 많다. 말이나 글로 양심의 가책, 죄의 고백, 참회의 고행을 가르치는 것은 좋은 일이나 그것을 넘어서서 믿음으로 나아가지 않으면, 그것은 사악하고, 기만적인 가르침에 지나지 않는다. 전자나 후자 한 가지만이 아닌 둘 다를, 곧 온전한 하나님의 말씀을 전해야 한다. 계명들을 가르치면 죄인들을 두렵게 만들고, 그들의 죄를 드러내 양심의 가책을 느껴 뉘우치려는 마음을 갖게 할 수 있다. 그러나 거기에서 그치면 안 된다. 은혜의 확신에 관한 말씀을 아울러 가르쳐 믿음으로 인도해야 한다. 믿음이 없으면 계명이든 양심의 가책이든 모든

---

12. 이 말에는 인간의 의지는 죄에서 자유롭게 되기 전까지는 참 하나님이 아닌 우상들을(스스로 선한 행위를 하는 것을 포함하여) 선택할 수밖에 없게 속박되어 있다는 루터의 신념이 잘 드러나 있다.

것이 헛되다. 아직도 양심의 가책, 죄, 은혜를 전하면서도 하나님의 약속이나 계명들을 상세하게 설명하지 않는 설교자들이 많다. 양심의 가책은 계명들에서 비롯하고, 믿음은 하나님의 약속에서 비롯한다. 따라서, 사람은 먼저 하나님의 계명들에 대한 두려움을 느끼고 겸손하게 되어 하나님께 나아온 후에, 말씀을 믿는 믿음을 통해 의롭다 함을 받을 수 있다.

요점 26. 지금까지 행위와 그리스도인의 육체적 훈련에 대해 전반적으로 살펴보았다. 이번에는 그리스도인이 다른 사람들을 위해 행해야 할 행위를 좀 더 자세히 살펴보기로 하자. 사람은 이 세상에서 혼자서 살지 않고, 다른 사람들과 함께 어울려 살아간다. 따라서 다른 사람들을 위해 아무런 행위도 하지 않고 살아가는 사람은 아무도 없다. 사람은 항상 다른 사람과 이야기하고, 다른 사람을 상

대한다. 물론, 그런 행위는 그가 의롭게 되어 구원받는 일과는 아무런 상관이 없다. 그가 행하는 행위는 모두 다른 사람들을 섬기고 유익하게 하는 역할을 할 뿐이다. 다른 사람이 필요로 하는 것 외에는 그가 따라야 할 다른 원칙은 없다. 이것이 진정한 기독교적인 삶이다. 성 바울이 갈라디아서 5장 6절에서 가르친 대로, 믿음은 열정과 사랑으로 역사한다. 그는 빌립보서 2장 1-4절에서 신자들이 그리스도를 믿는 믿음을 통해 그들에게 필요한 모든 것과 온전한 은혜를 소유하게 되었다고 강조했다. 그의 가르침을 요약하면 다음과 같다.

"그러므로 그리스도 안에 무슨 권면이나 사랑의 무슨 위로나 성령의 무슨 교제나 긍휼이나 자비가 있거든 마음을 같이하여 같은 사랑을 가지고 뜻을 합하며 한마음을 품어 아무 일에든지 다툼이나 허영으로 하지 말고 오직 겸손한 마음으로 각각 자기보다 남을 낫게 여기고 각각 자기 일을 돌볼 뿐더러 또한 각각 다른 사람들의 일을 돌보아 나의 기쁨을 충만하게 하라."

보다시피, 바울은 기독교적인 삶이란 선한 행위를 통해 이웃을 이롭게 하는 삶이라고 분명하게 정의했다. 믿음 안에서 모든 그리스도인은 구원받기 위해 필요한 것을 충분히 소유하고 있고, 그밖의 행위와 삶도 모두 그의 것이기 때문에 값없이 주어진 사랑으로 이웃을 섬겨야 한다. 바울은 그리스도를 본보기로 내세워 "그리스도의 마음을 품으라"라고 가르쳤다. 그리스도께서는 하나님의 본체이고, 그 자신 안에서 완전했고, 의롭게 되어 구원을 얻기 위해 지상에서의 삶이나 활동이나 고난이 전혀 필요하지 않으셨지만 자기를 비워 종처럼 행동

했고, 오로지 우리에게 가장 좋은 것만을 생각하면서 해야 할 일을 남김없이 이루고, 모든 고난을 감수하셨다. 그분은 온전히 자유로웠지만, 우리를 위해 종이 되셨다(빌 2:5-8).

요점 27. 그리스도인은 자신의 머리인 그리스도처럼 믿음으로 충만하고, 믿음으로 만족하며, 믿음을 항상 신장시켜 나가야 한다. 그 이유는 믿음이 그의 생명이요 의요 구원이기 때문이다. 앞에서 말한 대로, 믿음은 하나님과 그리스도께서 소유하고 계시는 모든 것을 그리스도인에게 부여한다.[13] 성 바울은 갈라디아서 2장 20절에서 "이제 내가 육체 가운데 사는 것은…하나님의 아들을 믿는 믿음 안에서 사는 것이라"라고 말했다. 그리스도인은 온전

---

13. 여기에서 루터는 '하나님과 그리스도'라는 복수 주어에 단수 동사를 사용했다.

히 자유롭지만, 이웃을 돕기 위해 자발적으로 종이 되어 하나님이 그리스도를 통해 자기를 대하시는 것처럼 이웃을 대하고, 아무런 이익도 바라지 않고 오로지 하나님을 기쁘시게 하는 일만 추구한다. 그는 "보라! 나의 하나님이 그리스도 안에서, 그분을 통해 무가치한 죄인인 나에게 나의 공로와는 전혀 상관없이 순수한 긍휼로 온전한 의와 구원을 아무런 조건 없이 아낌없이 베풀어주셨다. 이제는 믿음 외에는 아무것도 필요하지 않다. 내게 넘치는 축복을 베풀어주신 성부를 위해 아무런 보상도 바라지 않고 기꺼운 마음으로 즐거이 그분을 기쁘시게 하는 일을 하고 싶다. 그리스도께서 나를 위해 그러셨던 것처럼, 나도 이웃에게 작은 그리스도가 되어 그분처럼 하고 싶다. 이웃이 필요로 하는 일, 곧 그를 유익하게 하고, 복되게 하는 일 외에는 아무것도 하고 싶지 않다. 왜냐하면 나는 그리스도 안에서 믿음을 통해 내게 필요한 것을 모두 가지고 있기 때문이다."라고 생각한다. 이처럼 하나님을 믿는 믿음에서 사랑과 열정이 나오고, 이 사랑으로부터 아무런 보상도 바라지 않고 자발적으로 자유롭고 즐겁게 이웃을 섬기는 삶이 이루어진다. 우리의 이웃이 궁핍한 삶으로 고통을 받고, 우리가 나누어 줄 수 있는 것을 필요로 하는 것처럼, 우리도 하나님과의 관계에서 영적으로 크게 궁핍한 상태에서 그분의 은혜가 절실히 필요했었다. 따라서 하나님이 그리스도를 통해 아무런 조건 없이 우리를 도와주셨던 것처럼, 이제 우리도 우리의 몸과 행위로 이웃을 도와야 한다. 그리스도인으로서 산다는 것은 곧 고귀하고, 숭고한 삶을 사는 것을 의미한다. 그러나 안타깝게도 오늘날의 세상에서는 이런 삶을 살아가는 사람은 고사하고, 심지어는 이를 고백하거나 선포하는 사람조차도 찾아보기가 어렵다.

요점 28. 동정녀 마리아는 그리스도를 낳았지만 그로 인해 부정하게 되지 않았기 때문에 정결 의식을 치를 필요가 없었는데도 산후 6주가 지난 뒤에 당시의 여성들처럼 율법에 따라 정결 의식을 치렀다(눅 2:22-38). 그녀는 다른 여성들을 멸시하지 않고, 다른 산모들과 동등한 입장에 서서 그 의무를 사랑으로 기꺼이 이행했다. 성 바울도 불필요했지만 디모데가 할례를 받게 했다(행 16:3). 그가 그렇게 했던 이유는 믿음이 약한 유대인들에게 그릇된 생각을 할 수 있는 빌미를 주지 않기 위해서였다. 그는 디도의 경우는 상황이 비슷했는데도 할례를 받게 하지 않았다. 그 이유는 일부 유대인들이 할례가 구원에 필수적이므로 반드시 할례를 받아야 한다고 주장했기 때문이었다(갈 2:3). 그리스도께서는 성전세를 내라는 요구를 받고서 베드로에게 왕의 자녀들은 세금을 면제받는 것이 세상 이치가 아니냐고 물으셨다. 베드로가 옳은 말씀이라고 대답하자 그분은 "그러나 우리가 그들이 실족하지 않게 하기 위하여 네가 바다에 가서 낚시를 던져 먼저 오르는 고기를 가져 입을 열면 돈 한 세겔을 얻을 것이니 가져다가 나와 너를 위하여 주라"라고 말씀하셨다(마 17:27). 이것은 섬김의 삶을 보여주는 좋은 본보기가 아닐 수 없다. 그리스도께서는 자신과 제자들을 아무것도 부족한 것이 없는 자유로운 왕의 자녀들로 일컬었지만, 복종과 섬김의 자세로 기꺼이 성전세를 내셨다. 그리스도께서는 그렇게 해야 할 필요가 전혀 없으셨고, 그런 행위는 그분의 의로움이나 복스러움에 아무런 기여도 하지 않았던 것처럼 그리스도인의 행위도 구원을 받는 데 아무런 필요가 없다. 그런 행위는 순전히 다른 사람들을 섬기고, 그들의 삶을 더 낫게 만들기 위한 것이다. 따라서 사제들이나 수도원이나 교회 재단들의 행위도 동일한 목적을 지녀야 한다. 모든 사람이 각자 하나님이 허락하신 삶의 자리에서 선한 행위를 함으로써 이웃의 행복에 이바지하고, 자신들의 육체를 다스려 다른 사람들이 본받을 수 있는 본을 보여주어야 한다. 우리는 모두 육체를 다스려야 할 필요가 있다. 그러나 의롭게 되어 구원을 얻을 생각으로 선한 행위를 하지 않도록 항상 조심해야 한다. 구원은 오직 믿음으로만 받을 수 있다. 성 바울이 로마서 13장 1-7절과 디도서 3장 1-2절에서 일시적인 세상 권세들에게 복종하라고 가르친 것도 바로 이런 이유에서다. 선한 행위를 하는 이유는 의롭게 되기 위해서가 아니라 정부 당국자들과 다른 사람들을 기꺼이 섬기고, 사랑과 자유를 기반으로 그들이 원하는 것을 해주기 위해서다. 이런 사실을 이해하는 사람은 교황들, 주교들, 수도원들, 교회들, 군주들이 발효한 수많은 규칙과 명령의 와중에서도 올바른 방향으로 나아 갈 수 있다. 일부 정신 나간 고위 성직자들은 마치 그것들이 구원에 꼭 필요한 것처럼 강조할 뿐 아니 라 그것들을 교회의 명령으로 일컬어야 한다는 부 적절한 주장을 제기하기까지 한다. 자유로운 그리 스도인은 "내가 금식하고, 기도하고, 이런저런 명 령을 이행하기를 원하는 이유는 그것이 의롭게 되 어 구원을 얻는 데 필요하기 때문이 아니라 그리스 도께서 자기 자신보다는 나의 행복에 더 많이 필요 한 일들을 기꺼이 행하고 감수하셨던 것처럼 교황 들과 주교들과 공동체와 동료 인간들을 섬기고, 그 들을 대신해 고난을 감수함으로써 그들을 위한 본 을 보여주고 싶기 때문이다. 설령 독재자들이 불공 정한 명령을 내려 불의를 행하더라도 그것이 하나 님을 거역하는 명령만 아니라면 (곧 불공정하지만 불 경하지는 않은 명령이라면) 그것을 행해도 내게 아무런 해가 없을 것이다."라고 말한다.

요점 29. 모든 사람은 이 점에 근거해 행위들을 평가하고, 구별할 수 있다. 심지어는 무지하고, 정신 나간 고위 성직자들의 행위와 올바른 사고를 지닌 고위 성직자들의 행위 간에 구별할 수 있다. (하나님을 거역하라고 강요하지 않는 한) 다른 사람들을 섬기기 위한 행위를 하지 않거나 다른 사람의 의지에 복종하는 것을 기꺼이 감수하지 않는다면, 그것은 선한 기독교적 행위에 해당하지 않는다. 이것이 내가 재단 교회들,[14] 수도원들, 제단들, 미사들, 유산의 증여 가운데 기독교적인 행위에 해당하는 것이 거의 없는 현실을 개탄스럽게 생각하는 이유다. 금

---

14. '재단(財團) 교회'는 수도원 체계의 공식적인 일부가 아니었다. 그 것은 교회의 기존 질서에는 속하지 않았지만 기부자의 기금으로 설립되고, 수도원의 계율을 준수하고, 죽은 사람을 위한 미사를 드리는 데 헌신했던 교회 참사회 회원들이 맡아서 이끌었던 교회였다.

식과 기도, 특히 특정한 성인들을 위한 금식과 기도도 예외가 아니다. 사람마다 그런 행위들을 통해 단지 자신의 유익만을 구하는 것 같아서 매우 우려스럽다. 그들은 그런 식으로 죄를 속량하고, 구원을 얻을 수 있을 것처럼 생각한다. 이 모든 것은 믿음과 기독교적 자유에 대한 무지에서 비롯한다. 일부 무지한 고위 성직자들은 사람들에게 그렇게 하라고 가르치고, 그런 행위를 칭찬하며, 그렇게 하는 사람들에게 면죄부를 주고, 믿음에 대해서는 아무것도 가르치지 않는다. 그러나 기부나 금식이나 기도를 할 때는 자기의 유익을 구하지 말고, 기꺼이 베풀어 다른 사람들이 그것을 누리게 해야 한다. 다른 사람들의 유익을 위해 그런 일을 행하는 사람이 진정한 그리스도인이다. 물질적인 재화와 선한 행위를 통해 우리의 육체를 적절히 돌보고, 다스리지 않는다면 달리 무엇을 할 수 있겠는가?

우리는 믿음 안에서 충분한 것을 소유하고 있다. 하나님이 우리에게 모든 것을 주셨다. 그렇지 않은가? 하나님의 축복은 한 사람에게서 다른 사람들에게로 흘러나가 공유되어야 한다. 모든 사람이 이웃을 자기 자신처럼 대해야 한다. 이 축복이 그리스도로부터 우리에게 흘러나온다. 그분은 마치 우리가 자기 자신인 것처럼 우리에게 속한 모든 것을 자기의 것으로 받아들이셨다. 따라서 이 축복은 우리를 통해 다시 그것을 필요로 하는 사람들에게로 흘러나가야 한다. 그리스도께서 우리를 위해 하셨던 것처럼, 심지어는 우리의 믿음과 의까지도 이웃을 위해 하나님 앞에 내놓아 그들의 죄를 가려주고, 그것을 기꺼이 짊어져 마치 그것이 우리의 죄인 것처럼 행동해야 한다. 이것이 참된 사랑의 본질이요, 참된 믿음이다. 이런 이유로 거룩한 사도는 고린도전서 13장 5절에서 사랑을 "자기의 유익을 구하지 않는 것"으로 정의했다.

요점 30. 이 모든 논의를 통해 그리스도인은 자기가 아닌 그리스도와 이웃 안에 산다는 결론이 도출된다. 그리스도인은 믿음으로 그리스도 안에 살고, 사랑으로 이웃 안에 산다. 그리스도인은 믿음으로 자기 위로 치솟아 올라 하나님 안에 거하고, 사랑으로 그분에게서 내려와 자기를 낮게 낮추며, 항상 하나님 안에 그리고 하나님의 사랑 안에 거한다. 그리스도께서는 요한복음 1장 51절에서 "하늘이 열리고 하나님의 사자들이 인자 위에 오르락내리락하는 것을 보리라"라고 말씀하셨다. 보라! 이것이 참되고, 영적인 기독교적 자유, 곧 마음을 모든 죄와 율법과 계명에서 해방시키는 자유다. 이 자유는 하늘이 땅에서 높음같이 다른 모든 자유를 능가한다. 하나님이 우리에게 이 자유를 옳게 이해하고, 소유할 수 있는 은혜를 허락해 주시기를 간절히 바란다. 아멘.